iQdB

I Quaderni del Bardo
edizioni

Jon Andión, *Costruire un cubo di carta in solitudine (Poesie scelte)*
Prima edizione, MARZO 2023

Immagine di copertina: "Composition" di Liubov Popova

i Quaderni del Bardo Edizioni di Stefano Donno
Sede Legale e Redazione: Via S. Simone 74
73107 Sannicola (LE)
Mail - iquadernidelbardoed@libero.it
https://iquadernidelbardoedizionidistefanodonno.com/

Redazione: Mauro Marino (progetto, cura grafica e impaginazione)
Social Media Communications: Anastasia Leo, Ludovica Leo

i Quaderni del Bardo
(supplemento editoriale per tirature limitate
e numerate del periodico Il Bardo) di Maurizio Leo
Redazione: Via Regina Isabella 2/D 73043 Copertino (LE)
Mail: foglidiculture@libero.it
Info link: http://iqdbedizionidistefanodonno.blogspot.it
http://catalogoiqdbedizioni.blogspot.it

JON ANDIÓN

COSTRUIRE UN CUBO
DI CARTA IN SOLITUDINE
(*Poesie scelte*)

Poesie tradotte in italiano da Jon Andión
Revisione dei testi a cura di Laura Garavaglia

I Quaderni del Bardo
edizioni

$$\approx$$

LA MIRADA ABIERTA
/
LO SGUARDO APERTO
(2017)

GÓLGOTA II

Me suben
flores
por las piernas,

para ser
del verde aquel
que nunca fuimos.

Qué hay
de planta
en el hombre vivo?

De telas mojadas
una barca
piensa en ser bote.

La ilusión
desnuda
es de resina
azul y roja.

La icónica imposible
juega
al virar
del viento.

GOLGOTA II

Mi salgono i fiori
sulle gambe,

per essere
di quel verde
che non fummo mai.

Cosa c'è
di una pianta
nell'uomo vivo?

Una barca
di tessuti bagnati
pensa di essere zattera.

L'illusione
nuda
è di resina
blu e rossa.

L'iconica impossibile
gioca
al virare
del vento.

Me suben
flores por las piernas,

la tierra canta,

los hombres callan,
se agrietan,
traen escaleras a la orilla,

buscan la palma abierta del profeta.

Viene el barquero
con el mundo en una vela.

Mi salgono i fiori
sulle le gambe,

la terra canta,

gli uomini tacciono,
si spezzano,
portano scale sulla riva,

cercano il palmo aperto del profeta.

Arriva il barcaiolo
con il mondo in una vela.

"GOLGOTA"
Marc Chagall
Olio su tela. 1912

YOU GO TO MY HEAD

Quedarse,

sentarse a apedrear
la acera,

perder la mirada
en los coches,

oír
el crujir
del ombligo
de un bordillo,

olvidar
el sabor
de la boca
de una trompeta,

sortear un jazz,
casi quieto,
de equilibrio
impreciso
como la madrugada,

como un beso perdido

YOU GO TO MY HEAD

Restare,

sedersi
a lanciar sassi nella strada,

perdere lo sguardo
nelle auto che passano,

sentir
vibrare
l'ombelico
del marciapiede,

dimenticare
il sapore
della bocca
di una tromba,

entrare in un jazz,
quasi fermo,
in equilibrio
impreciso
come il crepuscolo,

come un bacio perduto

que nunca se dio,

bailar
como un idiota,

perder
la cabeza
un rato,

qué fue de todo lo que fuimos?

qué de tu dulce aliento
contra la piel del perdedor
que te inventa,

y te besa,
y te abraza,
y te agarra de la cintura

contra el vértigo insolente
de tu vacío,

qué fue
del cantar
en un hilo?

qué hay
de la compasión de los infiernos

mai dato,

ballare
come uno sciocco,

perdere
un attimo
la testa,

dov'è il tuo dolce respiro
contro la pelle del vinto
che t'inventa,

e ti bacia,
e ti abbraccia,
e ti afferra i fianchi

contro la vertigine insolente
del tuo vuoto,

cosa n'è stato
del cantare
in un filo?

cosa n'è stato
della compassione degli inferni
e la loro tenerezza

y su ternura
para un desdentado?

volver
a sus escaleras,

al descenso
que es caída, que es blancura,

y un lugar eterno
donde tenerte.

"YOU GO TO MY HEAD"
Chet Baker
1985

per uno sdentato?

tornare
alle scale,

alla discesa
che è caduta, che è candore,

e un luogo eterno
dove averti.

LES PREMIERS JOURS DU PRINTEMPS

Llevo en las manos
tentáculos de colores
que no pueden
con esta pieza de metal
que me subvierte la mandíbula.

Dice mucho de un hombre
cómo pueda morder el mundo
(o esperar sentado en una silla).

Imaginación
es un lugar angosto
que desemboca en un vacío,
plana vastedad esdrújula
sin compasión.

Se entretiene la sombra del tiempo
en este
cemento del exilio.

A lo lejos,
un reflejo inventa
un quizás alterno al desamparo.

"LES PREMIERS JOURS DU PRINTEMPS"
Salvador Dalí
Óleo y collage sobre panel. 1929

LES PREMIERS JOURS DU PRINTEMPS

Porto nelle mani
tentacoli di colori
che non sopportano
questo pezzo di metallo
che mi sovverte la mandibola.

Dice molto di un uomo
come possa mordere il mondo
(o aspettare seduto su una sedia).

L' immaginazione
è un luogo angusto
che sfocia in un vuoto,
piana vastità sdrucciola
senza compassione.

S'intrattiene l'ombra del tempo
in questo
cemento dell'esilio.

Da lontano,
un riflesso inventa
un forse alternativo all'abbandono.

"LES PREMIERS JOURS DU PRINTEMPS"
Salvador Dalí
Olio e collage su pannello. 1929

SYMBOLE AGNOSTIQUE

Será

la distancia del tiempo

una cuchara larga

que recoge la verdad?

"SYMBOLE AGNOSTIQUE"
Salvador Dalí
Óleo sobre tela. 1932

SYMBOLE AGNOSTIQUE

Sarà

la distanza del tempo

un cucchiaio lungo

che raccoglie la verità?

"SYMBOLE AGNOSTIQUE"
Salvador Dalí
Olio su tela. 1932

HOUSE BY A ROAD

Mirar
es detener el tiempo,

perder la mirada en una estampa
llena, vacía, extensa,

construcción o paisaje,
presente al que volver,

respirar,
observar,
confundir

la imagen con el pensamiento,

pisar,
respirar…
ceder,

sentirse de pie,
entregado a la brisa que mece
alta la hierba seca frente al porche,

HOUSE BY A ROAD

Guardare
è fermare il tempo,

perdere lo sguardo nella tela,
piena, vuota, vasta,

costruzione o paesaggio,
presente a cui tornare,

respirare,
osservare,
confondere,

l'immagine con il pensiero,

calpestare,
respirare…
cedere,

sentirsi in piedi,
affidato alla brezza che culla
l'erba alta e secca davanti al portico,

quieto, firme,
con la anchura de una madera que aguante
nuestra historia,

como una casa
que permanece.

"HOUSE BY A ROAD"
Edward Hopper
Acuarela sobre papel. 1931

fermo, saldo,
con una trave di legno che regga
la nostra storia,

come una casa
che rimane.

LA TARDE AZUL Y LA SOLEDAD

Es el café de Antoinette,
tarde de gente, terraza y farolillos,
las voces
inundan el aire y el ruido de las sillas.

La soledad,
la buena vieja soledad,
lleva la calva blanca y despejada,
rojos los labios
y su traje holgado de centellas.

Se pregunta
cien cosas y ninguna.

La soledad
fuma,
o cuelga un cigarrillo blanco
de su gesto inerte;
palpa tan sólo
la huella roja del carmín en la antesala del tabaco.

La soledad
sienta una mesa sin compartirla;
es un faro en medio de la multitud,
blancura que comprenden los incomprendidos.

LA SERA BLU E LA SOLITUDINE

È il caffè d'Antoinette,
una sera di gente, terrazza e lanterne,
le voci
inondano l'aria e il rumore delle sedie.

La solitudine,
la buona vecchia solitudine,
porta la testa rasata e sgombra,
rosse le labbra,
e il suo vestito largo di scintille.

Si domanda,
cento cose e nessuna.

La solitudine
fuma
o pende una sigaretta bianca
dal suo gesto inerte;
sente soltanto sulle labbra
l'impronta rossa del rossetto e il sapore del tabacco.

La solitudine
riempie un tavolo senza condividerlo;
è un faro in mezzo alla folla,
candore che capiscono solo gli incompresi.

La soledad
es un consuelo inadvertido.

Hay un lugar donde se guardan las distancias,
el ahora encendido en su jauría,
el mañana devuelto a su comienzo,
un alambique azul frente al mar.

Es por ella el resto sin saberlo,
en sus ropas, en su sed, en su bullicio.

La soledad,
ajena,
vela el hueco
donde para
a beber el tiempo.

Se queda
en su pequeña paz sorda, la soledad.

Y el ruido sigue.

Todo sigue.

"SOIR BLEU"
Edward Hopper
Óleo sobre lienzo. 1914

La solitudine
è un conforto inavvertito.

C'è un posto dove si serbano le distanze,
l'adesso acceso nel suo branco,
il domani riportato al suo inizio,
un alambicco blu di fronte al mare.

È per lei che sono gli altri senza saperlo,
nei loro abiti, nella loro sete, nel loro trambusto.

La solitudine,
estranea,
veglia il vuoto
dove sosta per bere
il tempo.

Rimane
nella sua piccola pace fioca, la solitudine.

E il rumore continua.

Tutto scorre.

"SOIR BLEU"
Edward Hopper
Olio su tela. 1914

GAS

La radio canta
el acento perdido del principio,
la paciencia amable de la espera.

Esta es la hora.

Baila el cartel en su chirrido agudo contra las chicharras,
es una puerta dormida a lo que cambió.

Dos luciérnagas
juegan
al bolsillo roto de la tarde.

Él,
pisa el frescor devuelto del asfalto
y repasa las revistas.

Cada surtidor
es un recuerdo.

Les habla,
aprendió,
le enseñaron a nombrar
los huecos
que serán.

Cada noche,
justo cuando la sombra encendida de la tienda

GAS

La radio canta
l'accento perduto dal principio,
l'amabile pazienza dell'attesa.

Questa è l'ora.

Balla l'insegna nel suo cigolio acuto contro le cicale,
è una porta addormentata verso ciò che cambiò.

Due lucciole
giocano
nella tasca rotta della sera.

Lui,
cammina sul fresco ritornato sull'asfalto
e sfoglia le riviste.

Ogni pompa
è un ricordo.

Gli parla,
imparò,
gli insegnarono a nominare
i vuoti
che saranno.

Ogni sera,
proprio quando l'ombra accesa del negozio

burla la penumbra y se hace de montaña,
se pierden los sonidos tras la luz en su lejanía.

Nadie pasa.
Nadie para.
Nadie,
como quien dice nadie.

Él,
caminará después,

al silencio del camino que lo aleja,
a la arboleda oculta que lo llama,

a la cara vieja y olvidada
de los días,

que pasan,

y pasan.

Mañana,
vuelve
temprano.

"GAS"
Edward Hopper
Óleo sobre lienzo. 1940

sfugge la penombra e si scambia per montagna,
si perdono i suoni dietro la luce e in lontananza.

Nessuno passa.
Nessuno si ferma.
Nessuno,
per così dire nessuno.

Lui,
camminerà dopo,

verso il silenzio del cammino che lo allontana,
verso il bosco occulto che lo chiama,

verso il volto scordato e vecchio
dei giorni,

che passano,

e passano.

Domani,
torna
presto.

"GAS"
Edward Hopper
Olio su tela. 1940

EL EXPOLIO

Qué buscarán en mí
que no encuentran en sí mismos?

De dónde
esta sed?,

si ya soy
esa madera que labran.

Suena el tumulto a mis espaldas,
el discurso encorvado de los inconvencidos.

Suenan las lanzas,
suenan sus manos pesadas,
su orfandad batida en rabia.

Llevan ausencia en la mirada.

Dejadles hurgar.

"EL EXPOLIO"
Doménikos Theotokópoulos "El Greco"
Óleo sobre lienzo. 1577-1579

IL SACCHEGGIO

Cosa cercano in me
che non trovano in se stessi?

Da dove
questa sete,

se già sono
quel legno che intagliano.

Suona il tumulto alle mie spalle,
il discorso curvo degli sconvinti.

Suonano le lance,
suonano le loro mani pesanti,
la loro orfanezza colma di rabbia.

Portano mancanza nel loro sguardo.

Lasciateli frugare.

"EL EXPOLIO"
Doménikos Theotokópoulos "El Greco"
Olio su tela. 1577-1579

LOS DESCARGADORES

Qué hay
de una carretilla de barro
y de la sombra abrigada que la lleva,

a la noche incipiente,
con el último naranja de la laguna
aguantando el peso
y el calor de la cena.

Descargar una barca humilde
es vivir
de cara al horizonte.

"LOS DESCARGADORES EN ARLÉS"
Vincent Van Gogh
Óleo sobre lienzo. 1888

GLI SCARICATORI

Che c'è
di una carriola di fango
e dell'ombra coperta che la porta,

alla notte incipiente,
con l'ultimo arancione della laguna
reggendo il peso
e il calore della cena.

Scaricare una barca umile
è vivere
di fronte all'orizzonte.

"SCARICATORI AD ARLES"
Vincent Van Gogh
Olio su tela. 1888

OCRE

Dicen
que la honradez
templa la diagonal
de una columna,

como la mano de un niño
sobre un pedestal,

algo
fue o será
ocre o turquesa a su lugar,

todo comienza,

pero vuelve a su principio.

OCRA

Dicono
che l'onoranza
tempera la diagonale
di una colonna,

come la mano di un bambino
su un piedistallo,

qualcosa
fu o sarà
ocra o turchese al suo albore,

tutto comincia,

e torna al suo principio.

"ARCHITTETURA PITTORICA"
Liubov Popova
Olio su tela. 1918

CAJA VACÍA

Cuánto cabe en una caja
de hierro rojo?,

quizás un encuadre escorado,
quizás la velocidad del viento,
quizás la densidad del aire,
quizás los ecos del espacio,

quizás
la levedad,
la magnitud abierta del acantilado.

"CAJA VACÍA"
Jorge Oteiza
Acero corten. 1958

SCATOLA VUOTA

Quanto può entrare in una scatola
di ferro rosso?

forse una inquadratura sbandata,
forse la velocità del vento,
forse la densità dell'aria,
forse gli echi dello spazio,

forse
la levità,
la vastità aperta del dirupo.

"CAJA VACÍA"
Jorge Oteiza
Acciaio corten. 1958

LA FORTUNA (*Descubrirás el Mundo*)

Te acuerdas
de aquella cuestión
del baile?

Pues, es de lo poco
que salvar.

El lugar
es el desequilibrio,
el instante del aire,
la dicha de la suspensión.

Y, sí,
una rueda a la mar
de abrigo,
un par de trapos mojados
para el contrapeso,
una venda de sábanas en los ojos,

y a dejarse ir.

"LA FORTUNE"
Camille Claudel
Bronce. 1902-1905

LA FORTUNA (*Scoprirai il Mondo*)

Ti ricordi
di quella questione
del ballo?

È di quel poco
da salvare.

Il posto
è il disequilibrio,
l'istante dell'aria,
la fortuna della sospensione.

E, sì,
una ruota nel mare
per sostegno,
un paio di strofinate bagnate
per il contrappeso,
una benda di panni sopra gli occhi,

e a lasciarsi andare.

"LA FORTUNE"
Camille Claudel
Bronce. 1902-1905

TÊTE D'HOMME IV

Llevo la cara
envuelta en carbón.

Y diez líneas finas
para recordar.

TÊTE D'HOMME IV

Porto la faccia
avvolta nel carbone.

E dieci fini linee
per ricordare.

"TÊTE D'HOMME IV (Diego)"
Alberto Giacometti
Olio su tela. 1964

OCÉANO

Me acompaña
cada uno que lo elige,

como un nombre heredado de su estirpe,
como una dificultad hecha preámbulo,
como una bondad
a honra de sus pares.

Nadie me dijo rey.
Nadie primero,
o elegido.

Soy hermano del agua y las corrientes.
Soy guardián de los espejos.
Sonámbulo de los azules.
Albacea de la sal.

Llevo en la piel la fuerza oculta de este orbe,
forma viva y oleaje,

en las manos un timón
con alma de columna,

en la barba un temporal,

OCEANO

Mi accompagnano
tutti coloro che lo scelgono
come un nome ereditato della sua stirpe,
come una difficoltà diventata preambolo,
come una bontà
in onore dei suoi pari.

Nessuno mi elesse re.
Nessuno mi elesse
primo,
o mi scelse.

Sono fratello dell'acqua e delle correnti.
Sono guardiano degli specchi.
Sonnambulo dei blu.
Curatore del sale.

Porto nella pelle la forza invisibile di questo orbe,
forma viva e mareggiata,

nelle mani un timone
con anima di colonna,

nella barba un temporale,

de pie contra mi voz
la sabiduría descalza de las conchas.

Moro en la profundidad del manantial,
en la hondura madre del abismo,
en su fría libertad;

justo detrás del manto encendido del pasado,
bien de cara a lo posible.

Desde mi casa
se cuentan, una a una,
las estrellas.

Mi vigilia
es sólo parte del lugar.

Mi nombre
será siempre su comienzo.

"OÉANO"
Jean de Boulogne "Giambologna"
Mármol. 1575

contro la mia voce
la saggezza scalza delle conchiglie.

Vivo nella profondità della sorgente nella voragine madre dell'abisso,
nella sua fredda libertà;

proprio dietro il manto lucente del passato,
ben di fronte al possibile.

Da casa mia
si contano, una ad una,
le stelle.

La mia veglia
è solo parte del luogo.

Il mio nome
sarà sempre il suo principio.

"OCEANO"
Jean de Boulogne "Giambologna"
Marmo. 1575

QUIMERA

Mío es el lugar
de las distancias que no convergen,
el sueño repetido a la utopía,
al silencio sepulcral de las civilizaciones,
al último lugar del cielo para honrar.

La gruta de los hombres llevo en la boca,
el miedo de sus ciudades en las garras,
la oscuridad de sus ideas
en el hueco palpitante de mis ojos.

Llevo la forma
que pactó el caos con la batalla,
el fuego de mi cabellera
y el carácter hipnótico de mi máscara.

Siempre
al decir
vosotros.

"QUIMERA"
Anónimo. Civilización etrusca.
Bronce. S. IV a.c.

CHIMERA

Mio
è il luogo delle distanze che non convergono,
il sogno ripetuto fino all'utopia,
al silenzio sepolcrale delle civiltà,
all'ultimo posto del cielo per onorare.

Porto nella bocca la grotta degli uomini,
negli artigli la paura delle loro città,
l'oscurità delle loro idee
nel buco pulsante dei miei occhi.

Porto la forma
che mise d'accordo il caos con la battaglia,
il fuoco della mia capigliatura
e la natura ipnotica della mia maschera.

Sempre
nel dire
voi.

"CHIMERA"
Anonimo. Civiltà etrusca.
Bronzo. S. IV a.c.

PEOPLE SHOULD KNOW WHEN THEY'RE CONQUERED

Te acuerdas de aquellos filtros de luz en el maíz?

De su caricia bajo nuestras palmas?

Del verde y de sus ramas jugando a dejar pasar el sol
como si fuera una bandera?

Con aquella misma inocencia
nosotros olvidábamos.
Nuestro lugar de siempre en esta mesa.
La grandeza que portaban nuestros padres.
Toda la esperanza que albergaron.

Si el mundo no es la anciana estela que nos contaban,
tampoco aquella desolación que conocimos.
La espeluznante fiereza de su ánimo.
La cruel verticalidad de su pendiente.
Toda su cólera encendida,
con que nos golpeó.
Y golpeó.

Y golpeó.

La sangre de aquella herida
es de este mismo barro,

PEOPLE SHOULD KNOW WHEN THEY'RE CONQUERED

Ti ricordi della luce che filtrava nel mais?

Della sua carezza sotto i nostri palmi?

Del verde e dei suoi rami che giocavano a lasciar passare il sole
come se fosse una bandiera?

Con quella stessa innocenza
noi dimenticavamo.
Il nostro posto di sempre a questo tavolo.
La grandezza che portavano i nostri avi.
Tutta la speranza che custodivano.

Se il mondo non è la vecchia scia che ci raccontavano,
né la desolazione che abbiamo conosciuto.
La spaventosa fierezza del suo animo.
La crudele verticalità della sua pendenza
Tutta la sua collera brillante,
con cui ci ha colpito.
E colpito.

E colpito.

Il sangue di quella ferita
è di questa stessa creta,

de esta misma tierra,
de estas mismas manos.

El dolor de aquel lugar
fue el nombre del aviso,
la advertencia que encontramos,
tú, al Sur, yo, al Oeste.
Pero que era para todos.

Por suerte,
algo de siempre en la mirada,
un frescor antiguo por la piel,
un pulso que se adelantaba,
un latido
que nunca retrocedió,
una rabia
que no amainaba,
un canto ancho que ensanchaba.

Y aprendió a hacernos
de lo último en lo primero,
lo que era nuestro,
y lo que era de ninguno.

En su último estallido en la apuesta entera de su nombre,
ciclópea, colosal, titánica, la batalla.
Insuflando el miedo padre de los miedos,

di questa stessa terra,
di queste stesse mani.

Quel dolore
fu il nome dell'avviso,
l'avvertimento che trovammo,
tu, al Sud, io, all'Ovest.
Però che era per tutti.

Per fortuna,
qualcosa di noto nello sguardo,
una freschezza antica nella pelle,
una pulsione che anticipava,
un battito
che mai arretrò,
una rabbia
che mai smise,
un lungo canto che echeggiava.

E imparò a farci
da ultimi primi,
ciò che era nostro,
e ciò che era di nessuno.

Nell'ultimo scoppio nella scommessa integra del suo nome,
ciclopica, colossale, titanica, la battaglia,
infondendo il terrore padre dei terrori,

injusta en su estadía efímera para desbancarla
y rugir en su reclamo,
porque todo
era lo que pendía de sus arcos,
lo que apenas danzaba desbocado
hacia el vacío.

Luego,

aquella dulce pausa que fue río,

música y retorno,

aquel viejo amigo inverosímil, su final.

Supimos
llegar
a donde se nos esperaba.

Teníamos
un sitio
al que volver.

"GLADIATOR"
2000

ingiusta nel suo permanere effimero per sbancarlo
e ruggire nel suo reclamo,
perché tutto
era ciò che pendeva dei suoi archi,
ciò che appena danzava sfrenato
verso il vuoto.

Poi.

Quella dolce pausa che fu fiume,

musica e ritorno,

quel vecchio amico inverosimile, il suo finale.

Sapevamo
arrivare
dove ci aspettavano.

Avevamo
un posto
a cui tornare.

"GLADIATOR"
2000

I'LL HUM IT FOR YOU

Quién dijo que nuestra historia tenía que ser
el principio.

Quién dijo
que sólo los finales se cierran
entre aplausos.

Quién
necesita tanto aplauso.

Llevo tuerto el corazón desde aquel
lugar.
La vida es un aún,
que se retuerce pensando en lo que fuimos,
un traje áspero de indiferencia, abandono,
voluntad.

Y aquel momento.
Aquel instante dilatado.
Aquella esfera transparente con nuestros nombres.

Aquel conjuro contra el mundo y su libro de indecencias,
de injusticias, de inmundicias.

Aquel amor que fue una vida.

I'LL HUM IT FOR YOU

Chi disse che la nostra storia doveva essere
il principio.

Chi disse
che solo i finali si chiudevano
tra applausi.

Chi
ha bisogno di tanti applausi.

Porto cieco il cuore
da quel momento.
La vita è un ancora,
che si contorce pensando a ciò che fummo,
un abito ruvido d'indifferenza, abbandono,
volontà.

E quel momento.
Quell'istante dilatato.
Quella sfera trasparente con i nostri nomi.

Quell'incantesimo contro il mondo e il suo libro d'indecenze,
d'ingiustizie, d'immondizie.

Quell'amore che è stato una vita.

Había que huir hasta de la dignidad.

Quién necesita un refugio
cuando cabe la eternidad
en un beso;
en una palabra como *París*.

Qué hay de las formas intermedias?
Los intentos, los tanteos, los encuentros.
Qué hay de lo que no está escrito?
Qué hay de lo que nadie espera?

Llevo un tarareo enganchado al alma.
Dónde estará? Con quién?

Sam prefiere el bullir de los días,
encuentra su voz en la mecánica del piano,
en el dulce arte de la compañía, fiel hasta la falta.

Toca como quien supiera
los tiempos del mundo,
como si con ello invocara tu fantasma una vez más.

Una vez más, Sam,
una vez más;
como aquellos que deciden quedarse pese a todo;

Bisognava scappare persino dalla dignità.

A chi serve un rifugio
quando c'entra l'eternità
in un bacio;
in una parola come *Parigi*.

Cosa rimane delle forme intermedie?
Gli impegni, i tentativi, gli incontri.
Cosa c'è di ciò che non è scritto?
Cosa c'è di ciò che nessuno aspetta?

Porto una canzone attaccata all'anima.
Dove sarà? Con chi?

Sam preferisce lo scorrere dei giorni,
trova la sua voce nella meccanica del piano,
nella dolce arte della compagnia, fedele per un guasto.

Suona come chi sapesse
i tempi del mondo,
come se così invocasse il tuo fantasma ancora.

Ancora, Sam,
ancora;
come quelli che decidono restare nonostante tutto;

una vez más, Sam,
tráeme el tarareo de su voz, la chispa que enciende en su garganta
una canción que le quedó;

y que venga el mundo a la barra conmigo a derrumbarse.

Brinda conmigo, Sam.

Yo brindo por ti.

Y tú brindas por ella.

De pie,
junto a ese piano.

Una vez más.

Esas cosas que tiene el mundo.

Ah, estas cosas que le ponen piel.

"CASABLANCA"
1942

ancora, Sam,
portami quella musica,
la scintilla che lumeggia nella sua voce
una canzone che l'è rimasta;

e che venga il mondo con me al bar per crollare.

Bevi con me, Sam.

Io bevo con te.

E tu bevi con lei.

In piedi,
accanto al piano.

Una volta di più.

Queste cose che ha il mondo.

Ah, queste cose che gli mettono la pelle.

"CASABLANCA"
1942

EL CORREDOR DEL ABISMO

Hay un lugar más allá de las trompetas,
hay un viaje interestelar por la desembocadura
de su sonido abierto,

hay puertas de doble pomo
escondidas en las eras de las ciudades,
umbrales que cruzamos
hasta sin querer.

Qué cambia en nosotros
de un tiempo a otro?

Qué revelan las campanas?
los sonidos de las culturas?
las distancias que inventamos
y que son
colores?

Quizás sea un escéptico el que nos salve.
Quizás sirva un cliché para liberarnos.

Dos extraños renunciando a su verdad
y en su renuncia contemplándose.

Me dijeron que humano es ser lo mismo.

IL CORRIDORE DELL'ABISSO

C'è un posto al di là delle trombe,
un viaggio interstellare verso la foce
del suo suono aperto,

ci sono porte a doppia maniglia
nascoste nelle ere delle città,
soglie che attraversiamo
anche senza volere.

Cosa cambia in noi
da un tempo all'altro?

Cosa rivelano le campane?
i suoni delle culture?
le distanze che inventiamo
e che sono
colori?

Forse sarà uno scettico a salvarci.
Forse ci serve un cliché per liberarci.

Due estranei che rinunciano alla loro verità
e in quella rinuncia si contemplano.

Mi dissero che umano è essere lo stesso.

Quizás sirva un extranjero de poeta,
uno que aguante en su rechazo
la belleza.

Pero,
quiénes somos?

Víctima, verdugo, búho, amante, mercenario…

Digo,
al margen
de los haces de luz
en los edificios,
al margen del nuevo ruido de los días,
los últimos delirios, las próximas tendencias.

Quiénes somos?

Un programa?

Una piel?

Un encargo?
o un reflejo
con el que medirse?

Forse serve uno straniero come poeta,
uno che regge nel suo rifiuto
la bellezza.

Però,
chi siamo?

Vittima, boia, gufo, amante, mercenario…

Dico,
a parte
dei fasci di luce
negli edifici,
a parte del nuovo rumore dei giorni,
gli ultimi deliri, le prossime tendenze.

Chi siamo?

Un programma?

Una pelle?

Un compito?
o un riflesso
con cui misurarsi?

Pensar que el mundo es nuestro
es equivocarse.

Pensar
que no lo es
es renunciar.

La modernidad
es la sorpresa,
vale una prueba de fuego,
una entrevista,
una corazonada,
un unicornio de papel.

Hay diálogos que nunca mueren,
ese es el lugar del celuloide,
recordarnos siempre
lo que olvidamos.

Qué es
lo que somos?

Lo que hacemos
o lo que conseguimos?
Lo que cuentan, o lo que nos contamos?

Pensare che il mondo è nostro
è sbagliato.

Pensare
che non lo è
è rinunciare.

La modernità
è la sorpresa,
basta una prova del fuoco,
un'intervista,
un presentimento,
un unicorno di carta.

Ci sono dialoghi che non muoiono mai,
quello è il posto della celluloide,
ricordarci sempre
ciò che scordiamo.

Cosa è
ciò che siamo?

Ciò che facciamo
o ciò che raccogliamo?
Ciò che raccontano,

Somos
aquello
que habitamos?

La verdad oculta,
como los secretos del universo
que nunca veremos.

Somos lo que somos.

Quizás tanto y tan siquiera.

"BLADE RUNNER"
1982

o ciò che ci raccontiamo?

Siamo
quello
che abitiamo?

La verità nascosta,
come i segreti dell'universo
che mai vedremo.

Siamo ciò che siamo.

Forse tanto e neppure.

"BLADE RUNNER"
1982

$$\approx$$

EL SONIDO DEL VIGÍA
/
IL SUONO DELLA VEDETTA
(2018)

LAS COSAS IMPOSIBLES

Vivo con esto en la cabeza.

¿Dónde están las cosas imposibles?

Delante de mí,
este mapa plano
que me niega.

Traza líneas entre lo que es,
nombra sólo lo que conoce,
conoce sólo lo que todo el mundo conoce.

Los nombres estaban ya dados,
y todo lo que no es, ni tiene nombre, ni existe.

Ya.

¿Acaso soy todo lo que conozco?

Las distancias se despiertan en el anverso del lugar.

Vivir es lo que esconde para sí el sueño delgado del vigía.

LE COSE IMPOSSIBILI

Vivo con questo pensiero in testa.

Dove sono le cose impossibili?

Davanti a me,
questa mappa piatta
che mi rifiuta.

Traccia i confini tra ciò che è,
nomina solo ciò che conosce,
sa solo ciò che tutti sanno.

I nomi sono ormai stati dati,
e tutto ciò che non è, non ha nome, e non esiste.

Già.
Sono tutto quello che so?

Le distanze si ridestano nel dritto del luogo.

Vivere è ciò che nasconde per sé l'esile sogno di chi vigila.

BALIZA SOLITARIA

Naima

tu nombre es nombre de pájaro adentro de un papel
baliza solitaria en el ruido del comienzo
es el roce de sus alas contra sus pliegues
su sonido
es el lugar de la familia que nos asalta en mitad de la cena
la paz de las fuentes en la yema del bullicio
la ternura que dicen se escapó del mundo para formar
tu pelo

sabes que vienen las ruedas de los carros golpeando la verdad del verano
que termina
las botellas las angustias las prisas de los hombres vacíos en la puerta
la calle en la cabeza como jungla en la garganta
en la palma un envoltorio con veneno
en el hígado la voluntad despeñada por sus desfiladeros

no recuerdo los nombres de los demás porque me sumerjo
la carnalidad de unos labios es mi costurera
son las curvas perdidas de las formas intermedias
los deseos que me guardo
no busco más de lo que anhelo no sé lo que persigo ni lo que acontece

y vendrán sin descanso vendrán
como los lunes amargos de cada hormiga tus caderas.

FARO SOLITARIO

Naima

Il tuo nome è il nome di un uccello su un foglio di carta
faro solitario nel fragore dell'origine
è lo sfiorare delle sue ali contro le sue pieghe
il suo suono
è il luogo della famiglia che ci invade nel bel mezzo della cena
la pace delle fontane nel cuore del trambusto
la tenerezza che si dice sia fuggita dal mondo per formare
i tuoi capelli

sai che stanno arrivando le ruote dei carri battendo la verità dell'estate
che finisce
le bottiglie le angosce la fretta degli uomini vuoti alla porta
la strada nella testa come una giungla nella gola
nel palmo della mano un involucro di veleno
nel fegato la volontà calata nei suoi abissi

non ricordo i nomi degli altri perché m'immergo
la carnalità delle labbra è la mia sarta
sono le curve perse delle forme intermedie i desideri che conservo
non cerco altro che ciò che desidero non so cosa inseguo
né cosa accade

e verranno senza tregua verranno
come i lunedì amari di ogni formica i tuoi fianchi.

LOS SABIOS Y LOS IRREMEDIABLES

Wise one

hace tiempo los sabios hablaban a gritos

tiempo atrás se refugiaban en cavernas

al principio del todo aparecían de pronto como los aguaceros
y se marchaban

que somos todos genios que genios son unos que no ven
que de cada manojo con cada cachito se hace uno cada decenio
que para qué ellos y no el delfín que no se sabe bien quién y por qué

hay una línea de la melodía
que escala la noche en un paseo plano como el polvo

desesperación es de la estrella solitaria
de su angustiada cantinela que se vacía en cada infarto que desata
la genialidad

viaje
es el principal de los videntes

nada escampa mejor que una locura.

I SAGGI E GLI IRREMEDIABILI

Wise one

Tempo fa i saggi parlavano a voce alta

molto tempo fa si rifugiavano nelle grotte

all'inizio di tutto apparivano all'improvviso come i diluvi
e se ne andavano via

che siamo tutti geni che i geni sono alcuni che non vedono
che da ogni mazzo con ogni pezzetto se ne ricava uno ogni decennio
per cosa loro e non il delfino che non si sa bene chi e perché

c'è una linea della melodia
che scala la notte in un cammino piano come la polvere

disperazione è della stella solitaria
del suo canto affannato che si svuota in ogni infarto che libera
il genio

viaggio
è il principale dei veggenti

nulla spiove come una follia.

LOS LUGARES INTERMEDIOS

Crescent

¿De qué color son las tierras baldías?

Al diablo se le olvida contar las piedrecillas que lleva en la mano cuando
se asoma a la periferia,
pega la mirada contra las ventanas,
mueve los amuletos en su puño como invocando un algo,
la oscuridad de los interiores se funde en un túnel gris sin nombre,

sólo puede ver a los que se lleve,

a veces desvela a los obreros que duermen al sofá contra su cansancio,
esquiva los perros que deambulan su soledad,
se fija siempre en el tono de las interferencias
en el resplandor de las farolas,
va paso a paso, es un eco para él sólo,
la noche es un recreo, una maldición, un cielo, un pasatiempo.

¿De qué color son las tierras baldías?

¿Por dónde se sale de aquí?

I LUOGHI INTERMEDI

Crescent

Di che colore sono le terre desolate?

Il diavolo dimentica di contare i sassolini che ha in mano
quando girovaga in periferia,
fissa lo sguardo sulle finestre,
agita gli amuleti nel pugno come evocando qualcosa,
l'oscurità degli interni si dissolve in un tunnel grigio senza nome,

può vedere solo coloro che porta con sé,

a volte sveglia i operai che dormono il divano contro la sua stanchezza,
schiva i cani che gironzolano la loro solitudine,
nota sempre il rumore delle interferenze nel bagliore dei lampioni,
va passo dopo passo, è un'eco solo per lui,
la notte è uno svago, una maledizione, un cielo, un passatempo.

Di che colore sono le terre desolate?

Da che parte si esce da qui?

DESPUÉS DEL FINAL

After the rain

Que si me acuerdo de ti…

la holgura de los charcos en el asfalto destronado como el cosmos,

el vaivén del aire en una carambola de la noche,

la ligereza de la pausa y su paso de compadre junto al mío,

su fluir interminable hacia los nuevos misterios de la fortuna,

que si me acuerdo de ti…

creciente, fuera, lejos de aquí los mundos,

las luces, los ruidos contra el acento perdido de la piel del agua,

la profundidad del universo entre los pies,

la bitácora heredada del onironauta

para navegar la línea de los limbos,

DOPO LA FINE

After the rain

Se mi ricordo di te...

l'ampiezza delle pozzanghere sull'asfalto spodestato come il cosmo,

l'ondeggiare dell'aria in una carambola della notte,

la leggerezza della pausa e il suo passo da amico accanto al mio,

il suo continuo scorrere verso i nuovi misteri della fortuna,

se mi ricordo di te...

in espansione, fuori, lontani da qui i mondi,

le luci, i rumori contro l'accento perso della pelle dell'acqua,

la profondità dell'universo tra i piedi,

il diario di bordo ereditato del unironauta

per navigare sulla rotta dei limbi,

los cuerpos flotan alrededor de lo que son, su posibilidad se multiplica,

el abismo se repite,

su sombra punteando los nombres de las cosas

que habría que inventar para que fueran,

que si me acuerdo de ti...

que si me acuerdo de ti

i corpi fluttuano intorno a ciò che sono, la loro facoltà si moltiplica,

l'abisso si ripete,

la sua ombra che punteggia i nomi delle cose

che bisognerebbe inventare per che fossero,

se mi ricordo di te…

se mi ricordo di te

$$\approx$$

EL CALOR OCULTO DE LAS COSAS ROTAS
/
IL CALORE NASCOSTO DELLE COSE ROTTE
(2023)

ARMAR UN CUBO DE PAPEL EN SOLITARIO

armar un cubo de papel en solitario
es como nunca despedir la urgencia de un sol de invierno

hay un espacio capital en el plomo de un lapicero
vértices de amianto en el borde de los floreros
y una sombrilla de blancos a la que dedicar unas líneas en el abismo

melancolía es amante de bolsillo

la soledad de este barrio
escarcha la última mitad del otoño en su peonza
le pone nombre de parking al café
y acantilado al negro acuoso de su alabanza

reflexionar es un animal salvaje

y qué de aquellas filas infinitas por cascadas
y su caricia a caja pulida de abandono
como un minuto perdido del cariño

el insurrecto placer de la pureza

cargar con el fraseo al piano del efluvio
y alternar sacos de alcurnia fantasía
estambre esculpido de lo que se va con la paciencia del ferrocarril

COSTRUIRE UN CUBO DI CARTA IN SOLITUDINE

costruire un cubo di carta in solitudine
è come mai dire addio all'urgenza di un sole d'inverno

c'è uno spazio capitale nella mina di una matita
vertici di amianto sul bordo dei vasi
e un ombrello bianco a cui dedicare qualche verso nell'abisso

malinconia è amante da taschino

la solitudine di questo quartiere
gela l'ultima metà dell'autunno nella sua trottola
dà al bar nome di parcheggio
e scogliera al nero acquoso della sua lode

riflettere è un animale selvaggio

e che dire di quelle file infinite in cascate
e la sua carezza scatola lucida d'abbandono
come un minuto perduto dell'affetto

l'insorto piacere della purezza

portare il fraseggio al piano dell'effluvio
e alternare sacchi di nobile fantasia
stame intagliato di ciò che se ne va con la pazienza della ferrovia

salir es una manera de contarlo

plata triste de testigo desvalido al final de todos los cuentos
ansiar
es casi el azul profundo del ahogado
y encontrar un silencio rasgado de sirenas

armar un cubo de papel en solitario
es navegar una pared

uscire è un modo di raccontarlo

triste argento di testimone svantaggiato alla fine di tutti i racconti
desiderare
è quasi il blu profondo dell'annegato
e trovare un silenzio spezzato di sirene

costruire un cubo di carta in solitudine
è navigare un muro

PROFECÍA
O, Nada Vendrá Sin Nada

"Where shall we three meet again,
in thunder, lightning, or in rain?
When the hurlyburly's done,
when the battle's lost and won."
[*Thunder and lightning. Enter three Witches*]

No habrá destino librado sin sangre sudor fortuna
tan cercano a parecer
mas devuelto rábido y bufón
cual noble empeño en la inocencia
como espada contra peor agüero.

Verá el sonriente devenir
su mano vendada junto a un dolor
agudo en su máscara y palabra
sino de verse de pie y vadeando
hay vergüenzas tan antiguas que pasaron a tradición.

Es un puñado de hechos en el paso
poca compañía sin paciencia
amasada rectitud en una fina rueda de paño y cascabel
retumbo de relinches y graznidos
profecía del miedo
trazo pendiente en la arena.

PROFEZIA
O, Nulla Verrà Senza Nulla

> *"Where shall we three meet again,*
> *in thunder, lightning, or in rain?*
> *When the hurlyburly's done,*
> *when the battle's lost and won."*
> [*Thunder and lightning. Enter three Witches*]

Non ci sarà destino battito senza sangue sudore fortuna
così vicino ad apparire
ma ritornato irato e giullare
quale nobile impegno nell'innocenza
come spada contro peggior augurio.

Vedrà il sorridente divenire
la sua mano fasciata insieme a un dolore
acuto nella sua maschera e parola
fato di trovarsi in piedi e a guadare
ci sono vergogne così antiche che sono diventate tradizione.

È una manciata di fatti nel passaggio
poca compagnia senza pazienza
accumulata onestà in una fine ruota di tela e sonaglio
rombo di nitriti e gracchi
profezia della paura
tratto in pendenza nella sabbia.

Obra de minucia o solidez la porfía bañada en soledad
su desempeño cruzado al desafío
es la batalla la que cría a los hombres
es la colisión
su puerto amante maquinaria.

Son altas ciudades los mismos infiernos
amnésico limbo honrado
no es el mundo
es uno
es la hermana luz cambiante
es el tiempo que nos mira

es un repetido cuento repetido el canto a la vida y el peso de su caída.

Opera di precisione o robustezza l'insistenza immersa in solitudine
il suo impegno di fronte alla sfida
è la battaglia che crea gli uomini
è la collisione
il suo porto amante macchinario.

Sono alte città gli stessi inferni
amnesico limbo leale
non è il mondo
è uno
è la sorella luce cangiante
è il tempo che ci guarda

è un ripetuto racconto il canto alla vita e il peso della sua caduta.

RUIDO DE TRANSISTOR

no mancharé con burdos cascotes de alquitrán
la palabra perdida en un buen rato
la ansiedad ahogada entre cervezas
el traje limpio de mi gemelo y su vaso lleno

se es más de uno tantas veces

tantas voces de tantas partes en tal envoltura del sonido y su travesía

los ecos de tan lejos a este preciso aquí

a esta densidad de laberinto

elástico pieza maniática del tiempo
vértices de alturas que se embarcan en sus nimbos
bestiario sonoro del mundo
tótem de humo en la bitácora

será hierro lejano el forjado fiel que nos sostiene
la huida pan de los días lisos
regresar pulso salvaje y escultura
ruido roto de transistor el hospedaje

escuchar a lo lejos el mínimo rumor de su constante fricción tozuda

RUMORE DI TRANSISTOR

non sporcherò con frammenti di catrame
la parola persa in un bel momento
l'ansia annegata tra le birre
il vestito pulito del mio gemello e il suo bicchiere pieno

si è più di uno tante volte

tante voci da tante parti in tale avvolgimento del suono

e della sua traversata

gli echi da così lontano a questo preciso punto

a questa densità di labirinto

elastico folle pezzo del tempo
vertici di altezze che si imbarcano sui loro nembi
bestiario sonoro del mondo
totem di fumo nel diario di bordo

sarà ferro remoto il forgiato fedele che ci sostiene
la fuga pane dei giorni piani
ritornare battito selvaggio e scultura
rumore rotto di transistor l'alloggio

aceptar la naturaleza del movimiento
la cadencia y el contorno mancado estático icónico de su acento

claudicar sobre la soledad que escribe *futuro* en un papel

con surcos hendidos de golpes en la piel

y complejos como granadas azules devueltas a una maceta

el desconchado alterno que viste esta estación

y el sordo sonido de las cosas enterradas

ascoltare in lontananza il minimo mormorio
del suo costante e ostinato attrito
accettare la natura del moto
il ritmo e il profilo monco immobile iconico del suo tono

arrendersi alla solitudine che scrive *futuro* sulla carta

con squarci sulla pelle

e ricchi come melograni blu in un vaso di fiori

la mutevole sfaldatura che veste questa stagione

e il suono sordo delle cose sepolte

TIEMPO EN UNA BOTELLA (O ESTÉTICA DEL FRÍO)

Intemperie de frente pálido
en la inmensidad interrumpida de la planicie

la velocidad de la ventisca
en el cuarto último espectro dc la lucidez

de repente un dolor un recuerdo
corto y arrastrado

un paso más

sugiere la estirpe helada de la gloria ascensión y precipicio
aislamiento la constancia
y melodía de bolsillo en apenas un sonido paralelo

amarillo refractario como un cable de tensión al aire
el espíritu desvalido de la voluntad

transparencia maldita del hielo y su pared

norte
es náufrago y apóstata

será que en el límite hay verdad
línea hundida en la nieve

TEMPO IN UNA BOTTIGLIA (O ESTETICA DEL FREDDO)

Intemperie di fronte pallido nell' interrotta immensità della pianura

la velocità della bufera
nel quart'ultimo spettro della lucentezza

improvvisamente un dolore un ricordo
breve e trascinato

un passo in più

ricorda la gelida stirpe della gloria l'ascesa e la caduta
isolamento la costanza
e melodia tascabile a stento in un suono parallelo

giallo refrattario come un cavo di tensione all'aria
lo spirito svantaggiato della volontà

maledetta trasparenza del ghiaccio e la sua parete

nord
è naufrago e apostata

sarà che c'è verità nel limite
linea affondata nella neve

inclinado tajamar en el borde del cristal

despierto el anfitrión en el aposento de su duda
hay un sastre de espaldas en su cetro

vendrán las mareas a llenar de blanco su navío.

inclinato tagliacque sul bordo del cristallo

sveglio l'ospite nella stanza del suo dubbio
c'è un sarto di spalle nel suo scettro

arriveranno le maree a riempire di bianco la sua nave.

UNA DISTANCIA DE FRAGMENTOS

Se me atardecen los surcos de las palmas
en la elegancia con la que miran los descuidos
la insumida postura del bailarín que busca la platea
la cara roída del error en el bolsillo.

Qué fue vivir y qué no llegar.

Se me amanecen crustáceos de cara vacía detrás de los nombres en pico
entre la quemazón de la luz
y la cueva perdida del eclipse en su rostro.

Se me desperezan los piquetes rebalsan los pañuelos
engarban extraños jilgueros en baluarte
que se embanda la memoria y nomadean.

No saben de conquista o desarraigo
deslucen en su afuera y encojen con su sal
en su firme arena fría.

Añejan
como la voluntad con el deseo
en un puro pulso mantenido.

La mundanidad le pone piel a todo
pero olvida a cada cuarto y alza de giro

UNA DISTANZA DI FRAMMENTI

Le linee dei miei palmi tramontano
nell'eleganza con cui guardano le distrazioni
la postura assunta dal ballerino che cerca la platea
il volto roso dell'errore nella tasca.

Cosa fu vivere e cosa non arrivare.

Mi appaiono crostacei dal muso vuoto nei precipizi
tra la bruciatura della luce
e la grotta persa dell'eclisse sul loro volto.

Si stiracchiano alla fine le rivolte e straripano i fazzoletti
strani cardellini si arrampicano come un baluardo
simbolo nomade della memoria.

Non sanno di conquista o sradicamento
appassiscono all'aperto e si restringono con il loro sale
nella loro sabbia compatta e fredda.

Invecchiano
come la volontà con il desiderio
mantenendo un puro battito.

La mondanità mette la pelle su tutto
ma dimentica ad ogni quarto e rialzo di giro

la arena que viste las ciudades enterradas
lo que fuimos antes de salir a hoy
y lo poco que queda hasta mañana.

Volverán siempre las piezas al tablero.

la sabbia che veste le città sepolte
ciò che fummo prima di venire all'oggi
e quel poco che resta fino a domani.

Torneranno i pezzi sempre sulla scacchiera.

POSTURA ESCULPIDA DE UN SER VACÍO

La luz es una de esas cosas que escarcha la luz y la memoria,

doscientos brotes directos a la primera de la estabilidad,

Capitán, hoy no vendrán las castálidas al mascarón,

hoy toma esa melodía el brazo ventrílocuo del viento
que esculpe los acantilados,

es tiempo de conflicto entre las hilanderas,

es vértice de intoxicación esta pertenencia,

y al final suele pasar que las cosas
se deshacen y se desinflan y se llaman
mandarina a sí mismas
por no ir a tocarse y descubrirse.

Ya,
somos todos farolas apagadas,
eso cuentan.

POSTURA SCOLPITA DI UN ESSERE VUOTO

La luce è una di quelle cose che brina la luce e la memoria,

duecento germogli diretti alla prima stabilità,

Capitano, oggi non verranno le muse alla polena,

oggi il braccio ventriloquo del vento prende quella melodia
che scolpisce i dirupi,

è tempo di conflitti tra le filatrici,

è vertice d'intossicazione questa appartenenza,

e alla fine accade spesso che le cose
si disfano e si sgonfiano e si chiamano
mandarino a sé stesse
per non andare a toccarsi e scoprirsi.

Già,
siamo tutti lampioni spenti,
così dicono.

TERCER LUGAR EN EL ESPECTRO LUMINOSO

No es el amarillo el hermano pequeño de Morfeo?,

apartado por brillante del romanticismo,

impertérrito entusiasta de la sensación,

que no son todos a la vez los desertores;

sueña a puertas abiertas la revolución de la playa en los caudales

y la manera de reír que tiene la entereza,

desfonda claridad para los difusos,

embauca designio al desfiladero de las ventanas,

jauría de flores para la magia,

y un ideario de bolsillo en estampida;

cavila

TERZO LUOGO NELLO SPETTRO LUMINOSO

Non è il giallo il fratello minore di Morfeo?

escluso per brillio dal romanticismo,

imperterrito entusiasta della sensazione,

che non sono tutti al contempo i disertori;

sogna a porte aperte la rivoluzione della spiaggia nelle maree

e la maniera di ridere che ha l'interezza,

sfonda la chiarezza per i confusi,

sprona il destino allo strapiombo delle finestre,

branco di fiori per magia,

e un manifesto da portare nella fuga;

rimugina

como la estanquera de un teatro abandonado,

como la hermandad.

come la bigliettaia di un teatro abbandonato,

come la fratellanza.

SUEÑO INMÓVIL DEL MOTOR INMÓVIL

He venido a enseñarte lo que hacen los toros
el halo inmóvil de su tez dorada
los hilos blancos con la tiza de las libélulas
la extensión del sol sobre las cosas.

Vinieron a la playa las lanzas para detenerme
y es que los nombres vuelan sin lo que son.

Palpo la rigidez de estas paredes que nos asilan
fuimos un día líneas en mis dedos.

Aguanto de pie tu gesto inclinado
los cálculos concéntricos de la servidumbre
de qué está hecha la disidencia.

Yo sueño de rodillas con los toros azules que me guardan
llevan el cuento envuelto en sus encornaduras
y pisan solo si no contestan
se agrupan como hacen ellos se juntan se son allí como la pausa.

Ícaro se columpia en los nidos pardos de las abejas
busca los mundos en sus barbas
hunde las manos en sus plumas
inventa la posibilidad que se olvidaron
el hombre es un espejo que se olvida.

SOGNO IMMOBILE DEL MOTORE IMMOBILE

Sono venuto a mostrarti ciò che fanno i tori
l'alone immobile del suo incarnato dorato
i fili bianchi col gessetto delle libellule
l'estensione del sole sulle cose.

Vennero alla spiaggia le lance per fermarmi
ed è così che i nomi volano senza ciò che sono.

Palpo la rigidità di queste pareti che ci accolgono,
fummo un giorno linee sulle mie dita.

Reggo in piedi il tuo gesto inclinato
i calcoli concentrici della servitù.
Di cosa è fatta la dissidenza?

Io sogno in ginocchio con i tori blu che mi custodiscono
portano il racconto avvolto nelle loro corna
e calpestano solo se non rispondono
si raggruppano e sono lì come la pausa.

Icaro si dondola nei nidi bruni delli api
cerca i mondi nelle sue barbe
affonda le mani nelle sue piume
inventa la possibilità che si scordarono
l'uomo è uno specchio che dimentica.

Los troncos cortados de la suspensión te lo dijeron
el grito que siguió al ascenso
la transparencia de la mar
la manera que tenían de colgar las lianas desde sus bramidos quietos
dice mano y dice precipicio.

Llevo ya tiempo en estas islas

soy tuerto desnudo y cansado en las puertas fieles de las caracolas

le puse ruedas a la espuma.

I tronchi tagliati te lo dissero
il grido che seguì l'ascesa
la trasparenza del mare
la maniera che avevano di pendere le liane dai loro muggiti fermi
dice mano e dice precipizio.

Sono già da tempo in queste isole

son guercio nudo e stanco alle porte fedeli delle conchiglie

misi ruote alla schiuma.

BATAHOLA

Llegaron juntos.
La dimensión, la pérdida, el estrellato y la superstición.
Esperaban charlando junto al fuego.
Con cada cuarto de hora cambiaban sus ropas de color.

El ruido es la primera puerta del silencio,
es la última carrera de la voluntad,
lo que queda al final del vacío.

La dimensión, la pérdida, el estrellato y la superstición,
discutían.
Si son los vicios los que van haciendo el mundo,
o el desencanto un motor siempre seco sin lugar.

Superstición, cree en dejarlo todo ir,
cada giro es un capítulo de la historia de sus abuelos,
la duda, el agua de todas las mañanas.

Dimensión, pregunta sin cuartel,
sonríe al bies de los surcos que desatiende el tiempo,
se descontrola apasionada con la inmensidad.

Pérdida, quisiera mecerse en las estrellas.

Estrellato, instiga el ritmo de la noche y la quietud de su temblor.

BARAONDA

Sono arrivati insieme.
La dimensione, la perdita, la rinomanza e la superstizione.
Aspettavano chiacchierando accanto al fuoco.
Ogni quarto d'ora cambiavano colore i suoi vestiti.

Il rumore è la prima porta del silenzio,
è l'ultima corsa della volontà,
ciò che resta alla fine del vuoto.

La dimensione, la perdita, la rinomanza e la superstizione,
discutevano.
Se sono i vizi quelli che fanno il mondo,
o il disincanto un motore sempre secco senza luogo.

Superstizione, crede di lasciar tutto andare,
ogni giro è un capitolo della storia dei suoi avi,
il dubbio, l'acqua di tutte le mattine.

Dimensione, domanda senza tregua,
sorride ai bordi dei solchi che disattende il tempo,
si scatena appassionata con l'immensità.

Perdita, vorrebbe cullarsi nelle stelle.

Rinomanza, incita il ritmo della notte e la quiete del suo tremore.

Es, de todos, el que marca la alegría.

La dimensión, la pérdida, el estrellato y la superstición,
olvidaban.
Si llegaremos o no,
si espera alguien detrás de las montañas,
si los seres más antiguos están en el coral,
si el asunto del hombre es su vuelo,
o su almohada de extravío.

La dimensión, la pérdida, el estrellato y la superstición,
bebían riendo en el acantilado.

È, di tutte, quella che segna l'allegria.

La dimensione, la perdita, la rinomanza e la superstizione,
dimenticavano.
Se arriveremo o no,
se qualcuno aspetta dietro le montagne,
se gli esseri più antichi stanno nel corallo,
se l'affare dell'uomo è il suo volo,
o il suo cuscino di smarrimento.

La dimensione, la perdita, la rinomanza e la superstizione,
bevevano ridendo nel dirupo.

TODO LO QUE SOMOS

Para mis hermanos, Marko e Iñigo.

Quiero decir que
creo en la décima vuelta de la posibilidad disfrazada de Babel,
en el último rojo de la gracia devuelto *marinero de la suerte*.
Hay un lugar dctrás de la música donde somos lo mejor que tuvimos;
hermanos.

Hay un camino holandés entre las amapolas de Praga
que las estatuas de los judíos guardan
como el barro para nacer un elemento,
y la fe secular de los puentes y sus cosquillas de piedra negra,
y coros de fantasmas que se abrazan entre los helados.

Hay un amante de la luz; uno, sí,
sin alarde del vidrio partido que le regaló el caleidoscopio,
y lo llevó de vuelta al rugido,
de vuelta al eco inmenso de su retorno,
y supo volver sin nunca volver.

Un recuerdo es un chasquido de trono con el que se llama a la incursión,
un hilo de oro para los tejados, una promesa para despertar.

Y al final depende todo de un loco,
uno que cuida y que avasalla,
un instante vulnerado del demás que no dejó de cargar con su alegría,

TUTTO CIÒ CHE SIAMO

Devo dire che
credo nel decimo giro della possibilità mascherato da Babele,
nell'ultimo rosso della grazia ritornato *marinaio della fortuna*.
C'è un luogo dietro la musica dove siamo il meglio che avemmo;
fratelli.

C'è un sentiero olandese tra i papaveri di Praga
che le statue degli ebrei custodiscono
come il fango da cui nasce un elemento,
e la fede secolare dei ponti e il suo solletico di pietra nera,
e cori di fantasmi che si abbracciano fra i gelati.

C'è un amante della luce; uno, sì,
senza lo sfoggio del vetro che gli regalò il caleidoscopio,
e lo riportò al ruggito,
lo riportò all' eco immensa del suo ritorno,
e seppi tornare senza mai tornare.

Un ricordo è un crepitio del trono con cui si incita all'incursione,
un filo d'oro peri i tetti, una promessa per risvegliare.

E alla fine dipende tutto da un pazzo,
uno che bada e vigila,
un istante leso dell'altro che non si smise di indossare l'allegria,

ni tiró su nombre, ni olvidó.

Y ahora que lo sabes,
que son susurros las manías del ruido por la piel,
que la maquinaria no es sin el mecanismo,
que es una idea un hombre pequeño del león,
que es un monstruo un estandarte de la diferencia,
que mil ojos son siempre pocos por un corazón,
que no habrá verdades en el viento
sino historias en el tiempo y un lugar para cada uno en su vieja corona,

cree,

y mantén la mente salvaje.

né gettò il nome, né dimenticò.

E adesso che lo sai,
che sono sussurri le abitudini del rumore attraverso la pelle,
che il macchinario non è senza il meccanismo,
che è un'idea un piccolo uomo leone,
che è un mostro uno stendardo della differenza,
che mille occhi sono sempre pochi per un cuore,
che non ci saranno verità nel vento
ma storie nel tempo e un luogo per ognuno nella sua vecchia corona,

credi,

e mantieni la mente selvaggia.

$$\approx$$

$$\approx$$

L'AUTORE

JON ANDIÓN (Madrid, 1984) nació en el seno de una familia profundamente relacionada con la cultura, bebiendo desde niño de la música, la literatura y el arte. Este hijo de cantautor estudió en el Liceo Francés de Madrid, y obtuvo las licenciaturas en Derecho y en Ciencias Políticas y de la Administración en la Universidad Carlos III de Madrid. Vivió en Roma, donde cursó estudios de derecho y trabajó en el mundo del arte para la oficina de patronazgo de los Museos Vaticanos; así como en Los Ángeles, California, donde estudió un máster en Derecho y Negocios del Entretenimiento en la University of Southern California, trabajando a su vez como asesor en asuntos cinematográficos y musicales. Es políglota y músico. Actualmente trabaja en una productora audiovisual en Madrid. Ha publicado "Palabras Invisibles" (Huerga & Fierro Editores, España, 2011), "Soñar" (Huerga & Fierro Editores, España, 2014), "Entre Cosas Salvajes" (Ediciones Perro Azul, Costa Rica, 2015), "La Mirada Abierta" (Casa de Poesía, Costa Rica, 2017), "El Sonido del Vigía" (Huerga & Fierro Editores, 2018) y "El Calor Oculto de las Cosas Rotas" (El Rayo Azul. Huerga & Fierro Editores, 2023). Asimismo, desde el año 2012 ha participado en encuentros literarios y festivales de poesía nacionales e internacionales, como Cosmopoética o el Festival Internacional de Poesía de Costa Rica y ha aparecido en revistas literarias como Barcarola.

JON ANDIÓN (Madrid, 1984) è nato in una famiglia profondamente legata alla cultura, appassionandosi alla musica, alla letteratura e all'arte fin da bambino. Figlio di un cantautore ha studiato al Lycée Français di Madrid e ha conseguito le lauree in Giurisprudenza e in Scienze Politiche e dell'Amministrazione presso l'Università Carlos III di Madrid. Ha vissuto a Roma, dove ha studiato legge e lavorato nel mondo dell'arte per l'ufficio mecenatismo dei Musei Vaticani, oltre che a Los Angeles, in California, dove ha conseguito un Master in Diritto dello Spettacolo e Business presso la University of Southern California lavorando anche come consulente in materia di cinema e musica. È poliglotta e musicista. Attualmente lavora in una società di produzione audiovisiva di Madrid. Ha pubblicato "Palabras Invisibles" (Huerga & Fierro Editores, Spagna, 2011), "Soñar" (Huerga & Fierro Editores, Spagna, 2014), "Entre Cosas Salvajes" (Ediciones Perro Azul, Costa Rica, 2015),"La Mirada Abierta" (Casa de Poesía, Costa Rica, 2017), "El Sonido del Vigía" (Huerga & Fierro Editores, 2018) e "El Calor Oculto de las Cosas Rotas" (El Rayo Azul. Huerga & Fierro Editores, 2023). Dal 2012 partecipa anche a incontri letterari e festival di poesia, sia a livello nazionale che internazionale, come Cosmopoetica e il Festival Internazionale di Poesia della Costa Rica, e sue poesie sono pubblicate su riviste letterarie come Barcarola.

$$\approx$$

INDICE

LA MIRADA ABIERTA / LO SGUARDO APERTO (2017)

EL SONIDO DEL VIGÍA / IL SUONO DELLA VEDETTA (2018)

EL CALOR OCULTO DE LAS COSAS ROTAS /
IL CALORE NASCOSTO DELLE COSE ROTTE (2023)

Collana Poesia

Questo libro
è stato composto da Mauro Marino
nella sede del Fondo Verri
a Lecce, in via Santa Maria del Paradiso, 8
per conto dell'editore Stefano Donno

Printed in Great Britain
by Amazon

31770687R00075